扈志碑

中國碑帖名品

二編

〔二十八〕

上海書畫出版社

前言

中華文明綿延五千餘年，文字實具第一功。從倉頡造字而雨粟鬼泣的傳説起，歷經華夏子民智慧聚集、薪火相傳，終使漢字生生不息、蔚爲壯觀。伴隨著漢字發展而成長的中國書法，基於漢字象形表意的特性，在一代又一代書寫者的努力之下，最終超越其實用意義，成爲一門世界上其他民族文字無法企及的純藝術，并成爲漢文化的重要元素之一。在中國知識階層看來，書法是中國人『澄懷味象』、寓哲理於詩性的藝術最高表現方式，她净化、提升了人的精神品格，歷來被視爲『道』『器』合一。而事實上，中國書法確實包羅萬象，從孔孟釋道到各家學説，從宇宙自然到社會生活，中華文化的精粹，在其間都得到了種種反映，書法無愧爲中華文化的載體。書法又推動了漢字的發展，篆、隸、草、行、真五體的嬗變和成熟，源於無數書家承前啓後、對漢字美的不懈追求，多樣的書家風格，則愈加顯示出漢字的無窮活力。那些最優秀的『知行合一』的書法家們是中華智慧的實踐者，他們匯成的這條書法之河印證了中華文化的發展。

因此，學習和探求書法藝術，實際上是瞭解中華文化最有效的一個途徑。歷史證明，漢字及其書法衝破了民族文化的隔閡和時空的限制，在世界文明的進程中發生了重要作用。我們堅信，在今後的文明進程中，這一獨特的藝術形式，仍將發揮出巨大的力量。然而，在當代這個社會經濟高速發展、不同文化劇烈碰撞的時期，書法也遭遇前所未有的挑戰，這其間自有種種因素，而漢字書寫的退化，或許是書法之道出現踟躕不前窘狀的重要原因，因此，有識之士深感傳統文化有『迷失』和『式微』之虞。書法藝術的健康發展，有賴於對中國文化、藝術真諦更深刻的體認，彙聚更多的力量做更多務實的工作，這是當今從事書法工作的專業人士責無旁貸的重任。

有鑒於此，上海書畫出版社以保存、還原最優秀的書法藝術作品爲目的，從系統觀照整個書法史藝術進程的視綫出發，於二〇一一年至二〇一五年间出版《中國碑帖名品》叢帖一百種，得到了廣大書法讀者的歡迎，成爲當代書法出版物的重要代表。爲了能够更好地呈現中國書法的魅力，滿足讀者日益增長的需求，我們決定推出叢帖二編。二編將承續前編的編輯初衷，擴大名作的彙集數量，進一步提升品質，以利讀者品鑒到更多樣的歷代書法經典，獲得對中國書法史更爲豐富的認識，促進對這份寶貴遺產更深入的開掘和研究。

上海書畫出版社

簡介

《扈志碑》，全稱《隋上開府城皋郡公扈志碑》。隋開皇十四年（五九四）年十一月十二日刻立。無撰書人姓名。碑額篆書『大隋上開府城皋公扈使君碑』三行十二字。碑文正書，二十六行，滿行五十七字。清道光間出土於陝西西安南鄉，出土時碑石左右兩邊已有損泐，未幾原石散佚，拓本亦極罕見，故晚清民國時學者多未見。此碑書法方整勁健，端莊清峻。爲隋代石刻中之名品。

今選用之本爲朵雲軒所藏清道光時精拓本，以拓本上部缺紙處來看，原應有碑額拓本，後未知何時佚失。係首次原色影印。正文部分爲便於原大刊印，特將整幅拓本的圖版依傳統剪裱樣式裁切并重新排列。

【整拓】

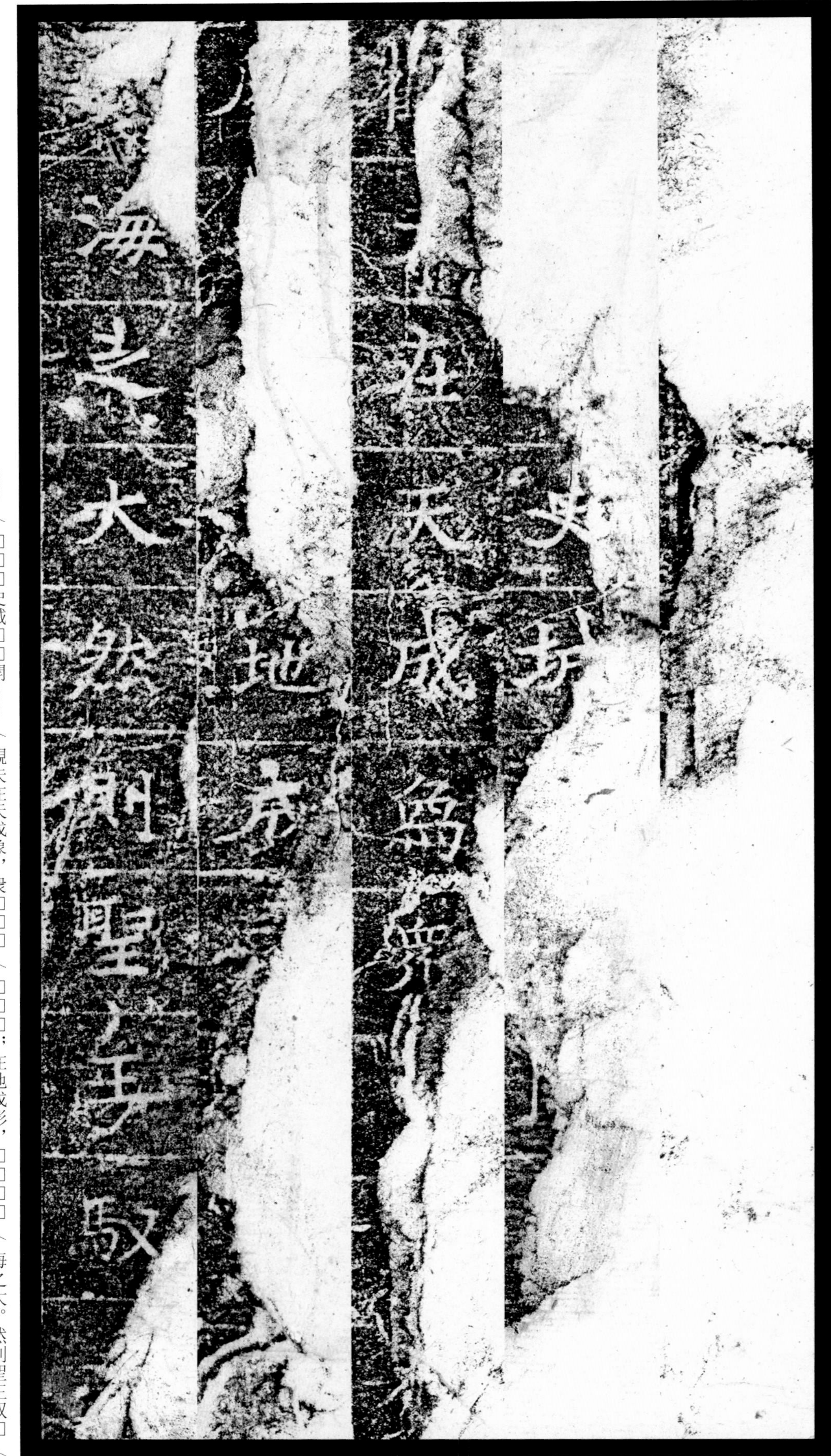

……／□□□史城□□開……／觀夫在天成象，衆□□□／□□□；在地成形，□□□□／海之大。然則聖王馭□／

棟甍：猶『棟樑』，比喻可擔重任之人。甍，屋脊。

悳：同『德』。

清塵莫嗣：指少有人能真正繼承古聖先賢之美善德行。

芳猷：美德。

□□□□□□□□□股／肱心□□□□□棟甍／斯寄，良史揚其茂實，樂府／歌其悳音。尚想古人，清塵／莫嗣，公其投迹，芳猷何遠。／

魏郡：西漢置，治在鄴城，屬冀州。

内黄：縣名，在魏屬魏郡，在隋屬汲郡，其地在當今河南安陽内黄縣。

八風之樂：泛指各種音樂。八風，八音，八種材質所製之樂器。

玉斗：北斗星，喻賢德之才。

九河：相傳爲大禹時治理黄河的九條支流。

崇基：雄厚的根基。

槐棘：喻指三公九卿之位。

青紫：古代高官服制，位列公卿者綬帶爲青紫色，借指高官顯爵。

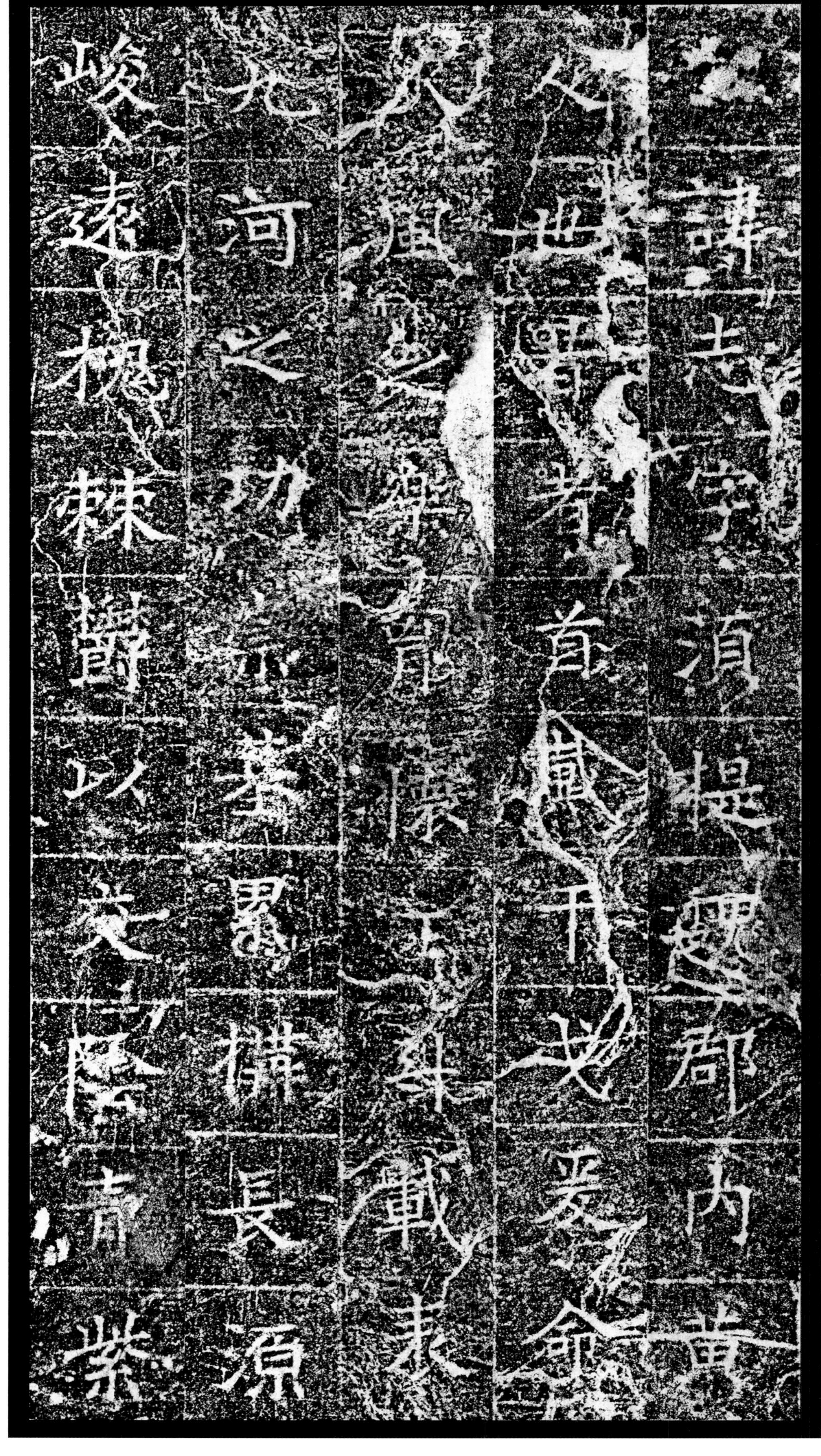

公諱志，字須提，魏郡内黄／人也。昔者首戴干戈，爰命／八風之樂；胸懷玉斗，載表／九河之功。崇基累構，長源／峻遠，槐棘鬱以交陰，青紫／

紛而析暎。曾祖周，魏隴西／太守，訓民調俗，露惠霜威，／境有虎浮之異，門無犬吠／之警。及拂衣漳滏，築室雲／川，雖蘭移桂徙，而風流未／

析暎：分散輝映。

魏：據碑文言，悤志逝於開皇十四年（五九四），年六十六，推至曾祖悤周時至少約是百二十年，故此處指南北朝時期拓跋氏建立的『北魏』。

虎浮之異：指虎患成災之地，有官員爲政仁德，老虎也受到感化，馱負幼子渡河離開。典出《後漢書·儒林傳·劉昆》：『先是崤黽驛道多虎災，行旅不通。昆爲政三年，仁化大行，虎皆負子度河。』

犬吠之警：比喻驚擾微小。《漢書·匈奴傳贊》：『是時邊城晏閉，牛馬布野，三世無犬吠之警，黎庶亡干戈之役。』

絶。祖興，贈安定太守，藻身／浴德，遊藝依仁，賓實光於／當世，哀榮洽於丘壟。父敬，／儀同三司，寧、豳二州刺史。／政猶風偃，化若神行。甘瓠／

賓實：猶言『名副其實』。語本《莊子·逍遥遊》：『名者，實之賓也。』

丘壟：墳墓。

政猶風偃：施政如風吹草卧一般和諧順暢。

瓠脯：瓠瓜乾。晋程曉《贈傅休奕》：『厥醴伊何，玄酒瓠脯。』《晋書·祖逖傳》：『玄酒忘勞甘瓠脯，何以咏恩歌且舞。』

脯以忻然，酌貪泉而不易。／公岳靈受氣，星精流祉，湛／乎萬頃，竦其千仞。儀形秀／麗，何止羊車之玉；符彩照／人，即是龍池之種。及染近／

忻然：喜悦貌；愉快貌。

貪泉：泉名。在廣東省南海縣。晋吴隱之操守清廉，爲廣州刺史，未至州二十里，地名石門，有水曰貪泉，相傳飲此水者，即廉士亦貪。隱之酌而飲之，因賦詩曰：『古人云此水，一歃懷千金。試使夷齊飲，終當不易心。』及在州，清操愈厲。事見《晋書·良吏傳·吴隱之》。

星精流祉：比喻賢士乃感天上星精而降生。

羊車之玉：謂男子貌美，爲女性争相愛慕。典出《晋書·潘岳傳》：『（潘岳）少時常挾彈出洛陽道，婦人遇之者，皆連手縈繞，投之以果，遂滿車而歸。』羊車，裝飾華美的車輛。《釋名·釋車》：『羊車：羊，祥也；祥，善也。善飾之車。』

朱藍：紅色和藍色。此處比喻學術的氛圍。

韜鈐之術：古代兵書《六韜》《玉鈐篇》的并稱。泛指兵書或兵法謀略。

揣摩之書：戰國時縱横家遊説之術。揣度君王，依其所欲而投獻計策。王充《論衡·答佞》：『（張）儀、（蘇）秦，排難之人也。處擾攘之世，行揣摩之術。』

彎弧：指拉弓。

蠆尾：指書法用筆中出鈎之『趯』筆，形似蠆尾，跳脱有力。庾肩吾《書品》：『龍管潤霜，遊兹蠆尾。』

龜文：甲骨文，泛指古文字。

朱藍，梗概文史。淫韜鈐之／術，好揣摩之書，舌□過人，／劍端莫敵。至于彎弧若畫，／拂翼貫心之伎，舞筆入神，／蠆尾龜文之妙，固以群藝／

咸舉，我無恧焉。周太祖剖／判二儀，經營九服，張羅設／餌，言求異士，乃引爲内親／信。魏武晏駕，擢爲挽郎。出／身殿内將軍，仍加盪寇之／

恧：慚愧。

魏武晏駕：北魏孝武帝元修，字孝則，北魏最後一位皇帝。中興二年（五三二），被高歡立爲帝。兩年後，與高歡矛盾激化，率衆入關中投奔宇文泰，并於同年十二月被毒殺，謚孝武。

挽郎：出殯時牽引靈柩吟唱挽歌之人。按，此職皆從親貴子弟中選拔，并可直接獲得入仕資格，下文言『出身殿内將軍』，即指此類得任挽郎而辟官起家。

大統：西魏文帝元寶炬年號（五三五—五五一）。

醘醘：帶汁的肉醬。《詩經·大雅·行葦》：『醘醘以薦，或燔或炙。』毛傳：『以肉曰醘醘。』孔穎達疏：『蓋用肉爲醘，特有多汁，故以醘爲名。』

淄澠：淄水與澠水的并稱，相傳二水味各不同，混合後則難以辨别。

周元年：北周元年（五五七）。西魏恭帝三年，權臣宇文泰死後，其子宇文覺在宇文護的擁立下，於次年初廢恭帝建國，國號周，都於長安，史稱『北周』。

左侍上士、宫伯等：官職北周時官名時常改動，故難詳考。參見毛鳳枝《關中石刻文字新編》。

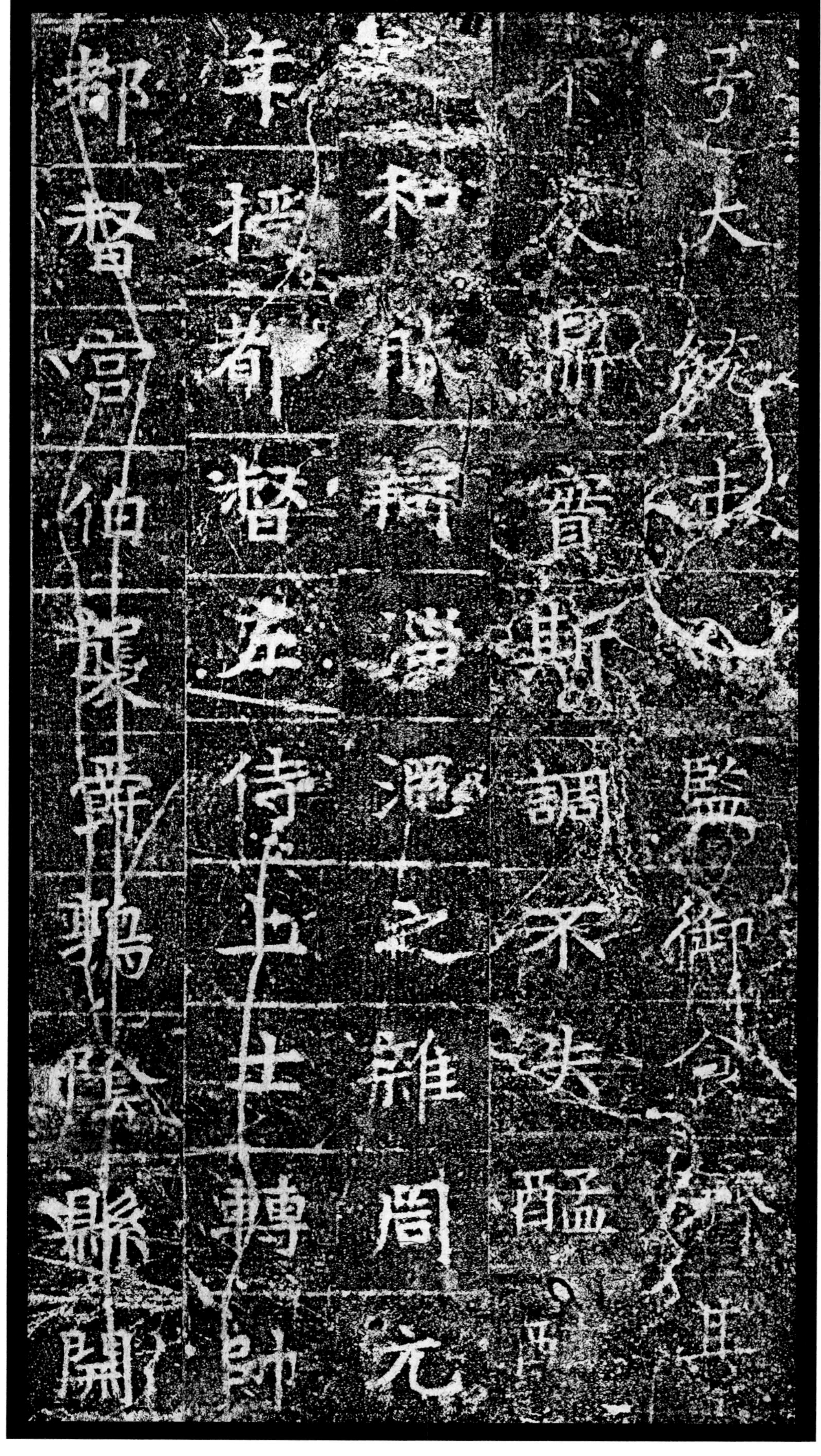

号。大統末，入監御食，濟其／不及，鼎實斯調，不失醘醘／之和，能辯淄澠之雜。周元／年，授都督左侍上士，轉帥／都督、宫伯，襲爵鶉陰縣開／

國男，食邑二百户，進爲大／都督、領前後侍二命士，遷／左宫伯、都上士。出入九重，／往來八襲，宫闈以肅，軒陛／生光。保定五年，授使持節、／

九重、八襲：泛指宫禁及朝廷。《文選·張協〈七命〉》：『應門八襲，琁臺九重。』

車書未壹：車未同軌，書未同文。指南北朝時期，國家還未統一。

結睾：即『桔槔』，汲水之工具，利用槓桿原理，長木桿一端墜重物，另一端綁水桶，取水省力。結睾屢照指數年之久。因北半球夏至日太陽可直照井底，故此指一年。

刁斗：古代行軍用具，銅質，斗形有柄，晝炊飯食，夜擊巡行。此處指戰事頻繁。

拔距投輪：均古代習武之術。投輪，相傳張良曾指揮力士投擲百二十斤鐵錘，襲擊秦始皇東遊車隊。見《史記·留侯世家》。

車騎大將軍、儀同三司。於／時海内横分，車書未壹。結／睾屢照，刁斗争喧。背河面／洛之地，飛塵尚擾；抃距投／輪之士，衝冠未息。乃敕從／

齊王憲東襲宜陽，又領所／部□張掖公於鹿盧交，與／賊對戰，前麾挫衄，後騎將／奔，彼衆我寡，豺狼得志。公／瞋目張膽，氣溢如山，挾雙／

齊王憲：北周齊國公宇文憲，字毗賀突，代郡武川人，鮮卑族，宇文泰之子。善計謀，多策略，征戰南北，身先士卒，多次擊敗北齊軍。滅北齊後，自感威名日大，暗自隱退。周武帝死後，宣帝忌憚其威望，將其殺害，謚號齊煬王。

張掖公：王傑，本名文達，金城郡直城縣（今陝西漢陰縣）人。又稱『宇文傑』，在西魏時屢立戰功，得宇文泰賞識，賜姓宇文。北周時，受封張掖郡公。卒謚威。此戰記載見於《北周書·魏元傳》：『天和元年，陝州總管尉遲綱遣元，率儀同宇文能、趙乾等步騎五百，於鹿盧交南，邀擊東魏洛州刺史獨孤永業，敗之。』

鹿盧交：地名。據魏宏利點校版《關中金石文字存逸考》，鹿盧交即李穆所築『鹿盧』『交城』二鎮，因其地緊密相接，故史書以『鹿盧交』連稱，其地正當北周東境，爲周、齊交戰之前衝要地。

戟以抑揚，出三軍以奮發。／兇徒振駭，煙披沫散。策勳／第一，酬庸□在，授驃騎大／將軍、開府儀同三司、大都／督領兵，增邑二百户。逮雲／

旗東指，將會盟津，武王至／河而返旆，文帝臨江而未／可，雖變化之機，事興帷幄，／而首尾之勢，功實居多。帝／乃嘉之，賞帛□百段，授開／

開府儀同大將軍：勳官名，主要授予有軍勳的功臣及北齊降官，無具體職掌。

高延宗：渤海郡蓨縣人，北齊宗室，文襄帝高澄第五子。武平七年（五七六），在北周攻伐北齊的平陽之戰中，後主高緯親征并州，期間高延宗所向披靡，但齊軍他部不敵。後主欲奔逃，任高延宗爲相國，授并州刺史。後爲士卒擁立，即帝位於晉陽，改元德昌。周軍圍晉陽，傾府藏及美女以賜將士，爲之死戰，幾擒北周武帝宇文邕，但翌日以輕敵被擒。遂稱臣，協助宇文邕滅北齊後，被誣謀反，賜死。

鯨鯢：鯨魚，雄曰鯨，雌曰鯢。

府儀同大將軍，給鼓吹一／部。從討平陽，金湯失嶮，仍／隨鑾駕，破高延宗於并州。／雲行電轉，山崩水決。既制／犬羊之群，即起鯨鯢之觀。／

冀部：冀州。

蚊蠙蚋集：蠙，通『攢』。比喻惡人聚集。

鷦幕：指『燕巢於幕』，燕子於帳幕上築巢，比喻處境兇險。典出《左傳》襄公二十九年。

魚釜：指『魚游釜中』，如魚在熱鍋裏掙扎，比喻瀕臨絶境。典出《後漢書·張綱傳》：『（張）嬰聞，泣下，曰：「荒裔愚人，不能自通朝廷，不堪侵枉，遂復相聚偷生，若魚游釜中，喘息須臾間耳。」』

進授上開府，封脩武縣開／國公，食邑一千四百户。既／而前歌後舞，平蕩鄴城。冀／部遊魂，不知天命，蚊蠙蚋／集，欲競迅雷之威；鷦幕魚／

建悳六年：公元五七七年，建德爲北周武帝宇文邕年號。

朱騂：朱紅色的馬車。古人貴朱鬣，既朱其馬尾，尚書顧命諸侯等進入宮門，皆布乘黄馬朱鬣。

戾止：來到。語出《詩經·周頌·有瞽》：『我客戾止，永觀厥成。』止，語氣詞。

釜，自許太山之固。公出從／神武，乘勝北馳，右拂左縈，／覆其巢穴。建悳六年，除使／持節、鄭州諸軍事、鄭州刺／史。朱騂戾止，清風穆如。兒／

童馭竹以來迎，貪殘解印／而爭去。尋以江淮未静，仗／節南轅，麾旆所臨，若照光／景。授右内雄俊中大夫，剌／史如故。尉迥猖獗，所在亂／

馭竹：謂地方官吏施行仁政，深受百姓愛戴。典出《後漢書・郭伋傳》。

尉迥：尉遲迥，字薄居羅，代郡人，鮮卑族。歷北魏至北周，宇文泰之甥，封蜀國公。北周大象二年（五八〇），宣帝宇文贇病死，静帝宇文闡年幼，丞相楊堅專權輔政。尉遲迥位高望重，楊堅恐其有異圖，於是召其入朝。尉遲迥身爲宗室，以爲楊堅當政，圖謀篡位，於是不受徵調，决意起兵，數州皆爲響應，幾占江山半壁，擁數十萬衆。大象二年（五八〇），於鄴城爲韋孝寬所敗，自殺身亡。《周書》有傳。

邢流水：據《隋書·元亨傳》載，尉遲迥起兵時，洛陽人梁康、邢流水等舉兵策應。旬日之間，衆萬餘人。時洛州刺史元亨率關中兵，襲擊梁康、邢流水，破之。據碑文記載，扈志亦參與了此戰，可補史缺。

康城：《方輿紀要》：『康城在河南禹州西北三十里，夏朝少康故邑，後魏孝昌年間中置康城縣，屬陽城郡。』

折捶：亦作『折箠』，指折斷策馬之杖，用短杖即可制敵，比喻輕易取勝。《後漢書·鄧禹傳》：『赤眉無穀，自當來東，吾折捶笞之，非諸將憂也。』

階，狼顧鴟張，將半天下。公／撫導黎庶，諭以安危。闔境／懾然，□蘿不□。時有洛州／反賊邢流水，聚衆一萬，竊／據康城。公折捶驅之，應時／

瓦解。兼以至誠動物，嘉瑞／駢羅，芳樹則連理成陰，□／□則含清鏡澈。何必縣令／字民，能馴乳雉，郡守爲政，／獨返明珠而哉。周道陵遲，／

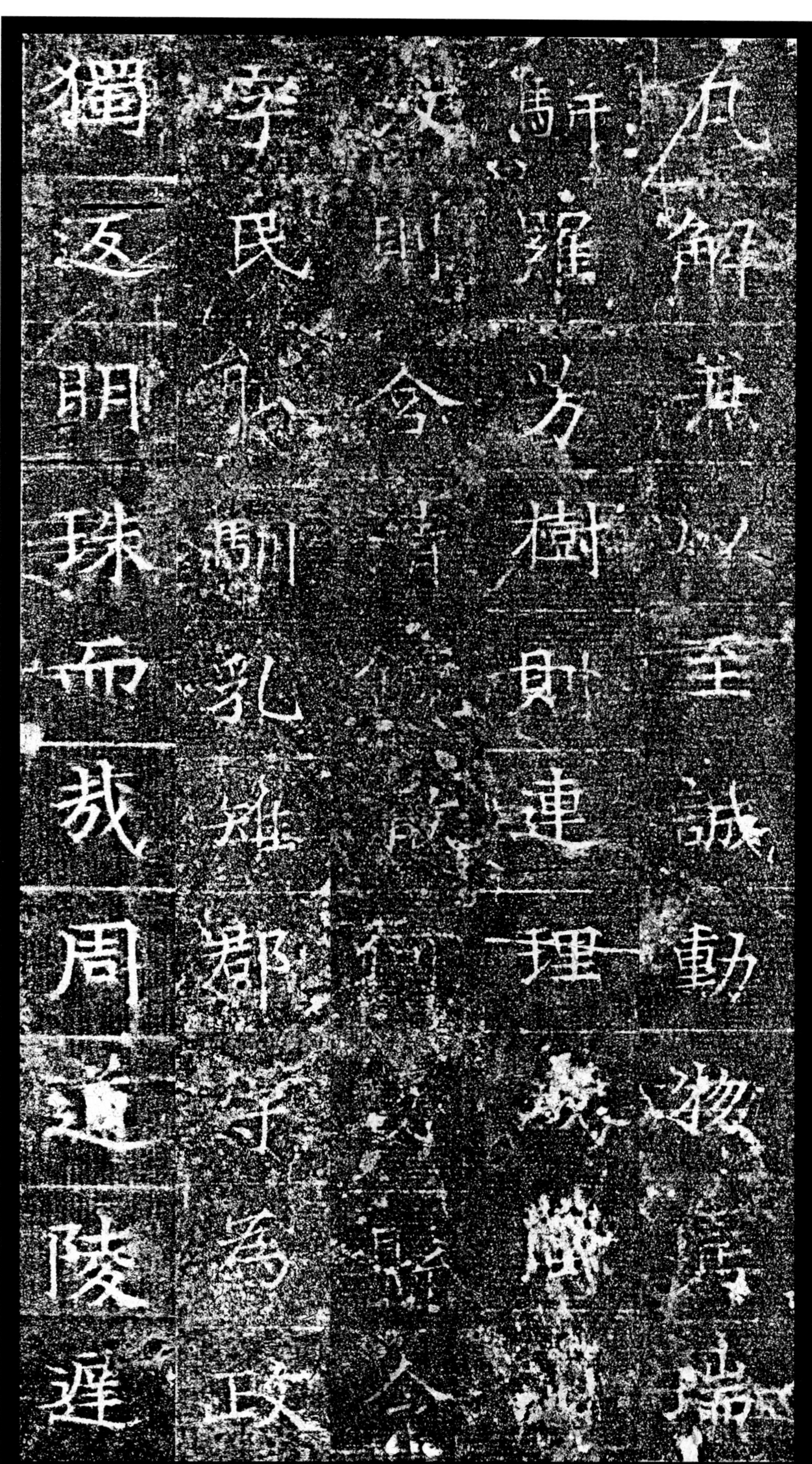

駢羅：駢比羅列。漢王逸《九思·哀歲》：『群行兮上下，駢羅兮列陳。』

字民：撫治、管理百姓。《逸周書·本典》：『字民之道，禮樂所生。』

陵遲：敗壞，衰敗。

三靈改卜：謂天下易主，改朝換代。三靈，指天、地、人。

贊道：輔佐。

少陽：東宫，太子居所。《文選·顔延之〈三月三日曲水詩序〉》：『正體毓德於少陽。』李善注：『正體，太子也……少陽，東宫也。』

太子右宗衛率：官名。隋朝東宫置，太子右宗衛長官，置一人，正四品上，掌以宗人侍衛。

開皇七年：公元五八七年。開皇爲隋文帝楊堅年號。

三靈改卜。大隋啓運，萬／國朝宗。贊道少陽，非賢莫／可。授太子右宗衛率，賜爵／城皋郡開國公。開皇七年，／出除使持節、商州諸軍事、／

商州刺史。惟公英規拓落，／逸氣宏舉，幼懷四海之心，／早有萬夫之望。其動也智，／其静也仁。愛敬之方，曾閔／得其家範；閨門之内，荀陳／

英規拓落：富有智謀，放蕩曠達。

曾閔：曾參、閔損的并稱。二人皆爲春秋時期魯國人，孔子弟子，以孝行著稱。

荀陳：東漢時荀淑、陳寔的并稱，二人均爲著名的賢士，且子嗣皆人才濟濟。

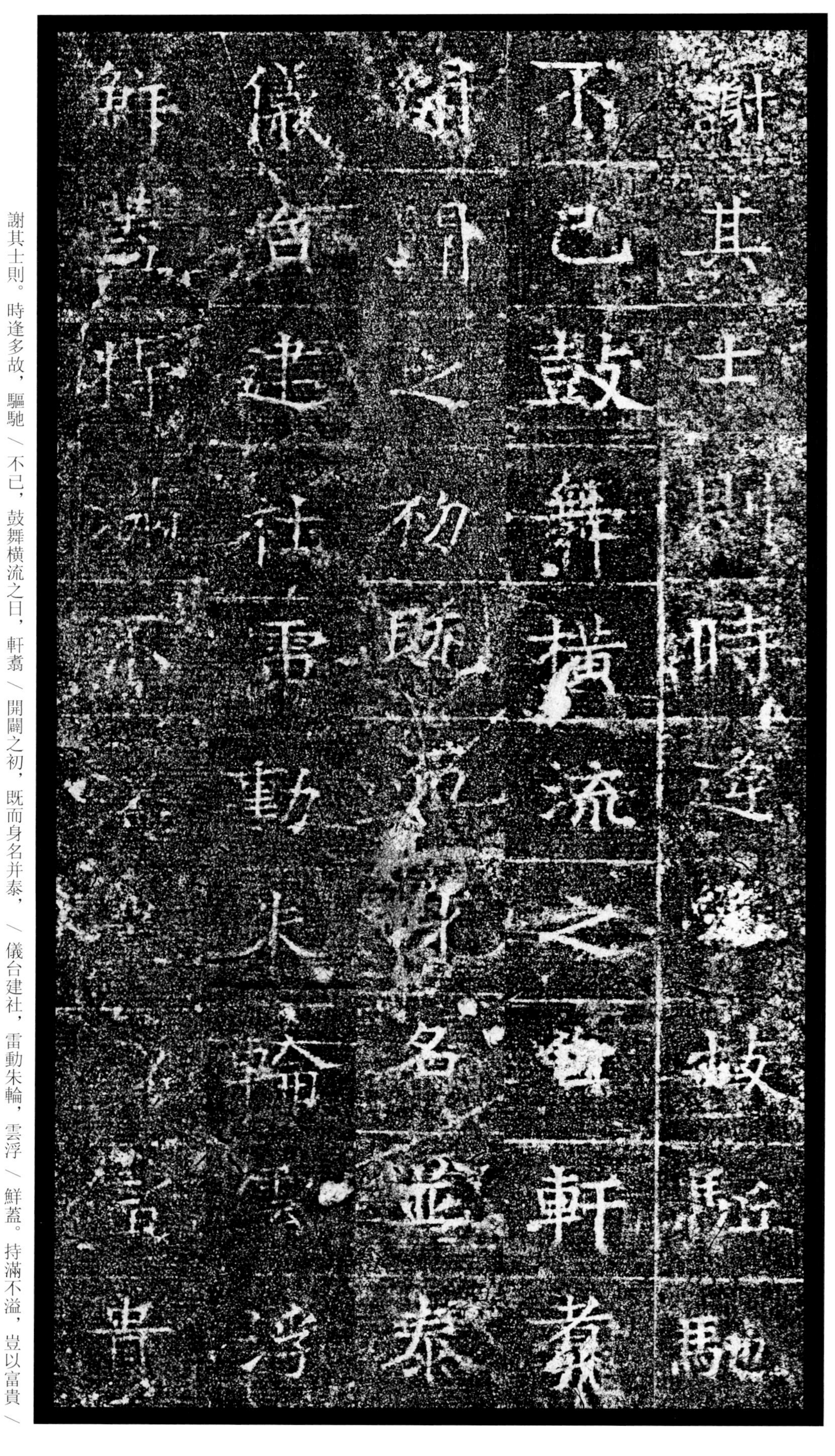

謝其士則。時逢多故，驅馳／不已，鼓舞横流之日，軒翥／開闢之初，既而身名并泰，／儀台建社，雷動朱輪，雲浮／鮮蓋。持滿不溢，豈以富貴／

士則：士大夫的楷模。

軒翥：飛舉。

朱輪：古代侯爵顯貴之車，以朱紅漆輪子。

雲浮鮮蓋：形容儀仗隊伍規格高。

持滿不溢，豈以富貴驕人：語出《老子·第九章》：『持而盈之，不如其已；揣而鋭之，不可長保。金玉滿堂，莫之能守；富貴而驕，自遺其咎。功成身退，天之道也。』

損之又損，惟以謙恭下物：語出《老子》第四十八章：『爲學日益，爲道日損，損之又損，以至於無爲。無爲而無不爲，取天下常以無事；及其有事，不足以取天下。』

驕人；損之又損，惟以謙恭／下物。宜其燮理陰陽，正位／論道，濟窮民於溝壑，仰吾／君於堯舜。而泫桐之露，倏／矣不追；集草之塵，俄焉已／

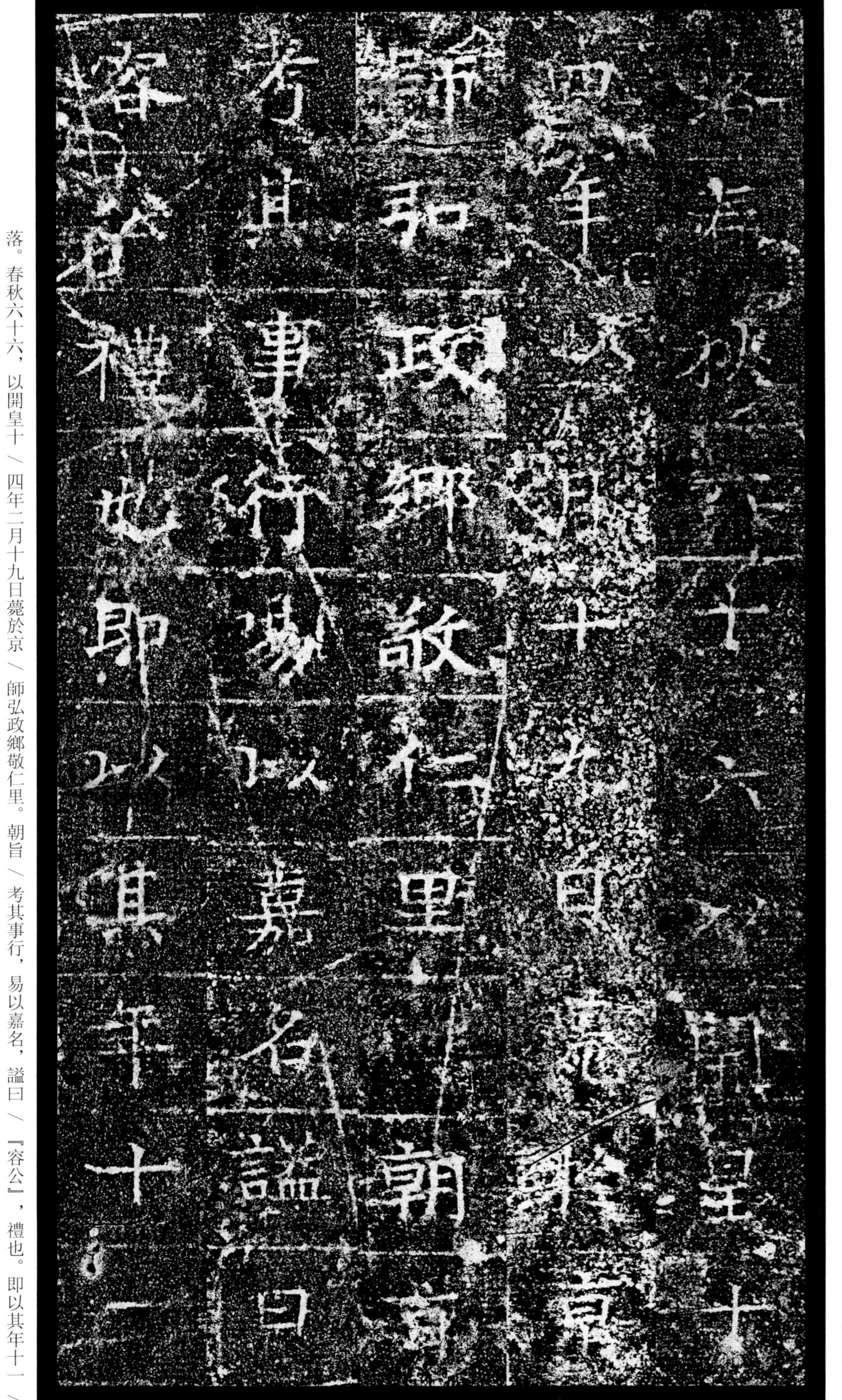

落。春秋六十六，以開皇十／四年二月十九日薨於京／師弘政鄉敬仁里。朝旨／考其事行，易以嘉名，謚曰／『容公』，禮也。即以其年十一／

開皇十四年：公元五九四年。

月十二日安厝于大興城／西南合郊鄉脩福里。世子／車騎將軍、儀同三司世宗／等，以爲過隟不留，趨庭莫／睹，一興霜露之感，三覆劬／

安厝：安葬。

大興城：隋朝國都，始建於開皇元年（五八一），即今陝西省西安市。

世宗：扈世宗，扈志長子。

過隟：比喻時光短暫，歲月易逝。隟，古同『隙』。

趨庭：代指父親對兒子教誨。典出《論語·季氏》。

霜露之感：指子女對已故雙親或祖先的思念。語出《禮記·祭義》。

勞之詠。乃式鎸金石，載序／芳菲，縱陵谷之驟徙，庶英／名之獨飛。其詞曰：／盛緒休風，蟬聯不窮。《承雲》／命樂，踈河立功。從兹厥後，／

劬勞之詠：指父母的辛苦養育之恩。劬勞，勞累。語出《詩經·小雅·蓼莪》：『哀哀父母，生我劬勞。』

《承雲》：傳説爲黄帝時樂曲。

世襲良弓。閭閻竦峻，珩組／玲瓏。自南徂北，東黼西峙。／橘性無變，薑辛不已。庭茂／芝蘭，門羅杞梓。我憑堂構，／必復其始。神衿肅肅，高韻／

良弓：比喻優秀的子弟。《禮記·學記》：『良弓之子，必學爲箕。』

閭閻：民間。

珩組：穿在絲帶上的玉佩飾，身居官位者佩戴。

橘性：據傳橘樹會因地域水土不同而使得果實口味不同，故比喻人之品行會因境改變。

薑辛：薑味之辛辣。

芝蘭：芝，通『芷』。芷和蘭，皆香草，喻賢德君子。

杞梓：杞樹和梓樹，皆良木，喻棟樑之才。

堂構：比喻繼承祖先基業。語出《尚書·大誥》：『若考作室，既底法，厥子乃弗肯堂，矧肯構。』孔傳：『以作室喻治政也。父已致法，子乃不肯爲堂基，況肯構立屋乎？』

神衿、高韻：皆指精神風貌、胸襟氣度。

聿：語助詞。

趨步：效仿。

函谷封泥：《東觀漢記・隗囂載記》：『元（王元）請以一丸泥爲大王東封函谷關，此萬世一時也。』謂函谷關地勢險要，易於防守。

崤山：又名嶔崟山、嶔岑山。在河南省洛寧縣北。山分東西二崤，中有谷道，阪坡峻陡，爲古代軍事要地。

軒軒。如松之盛，似玉之温。／仁義非奬，文武兼存。虚弦／雁落，搦管雲奔。三分構業，／聿來趨步。千門洞啓，翻飛／以赴。函谷封泥，崤山擁霧。／

抽戈躍馬，載清天路。宦成／名立，□□□寮。克終克始，／無諂無驕。商山布政，潁水／班條。墍流時雨，俄逐驚飇。／永辭朝市，言歸巖穴。服歷／

商山：在今陝西商縣東，秦末漢初四老曾在此隱居，稱『商山四皓』。漢惠帝做太子時，漢高祖打算另立太子。呂后用張良之計，厚禮迎來商山四皓，使他們與太子相處。漢高祖看到惠帝羽翼已成，就打消了另立太子的念頭。事見《史記·留侯世家》。此指扈志曾任職東宮，有輔立太子之功。

潁水：相傳堯欲禪讓天下，聞得箕山許由賢能，使其治天下，許由不從，遁耕於箕山之下。堯又召許由任九州長，許由乃洗耳於潁水之濱。事見《史記·伯夷列傳》。

言歸巖穴：歸葬於墓穴。言，語助詞。

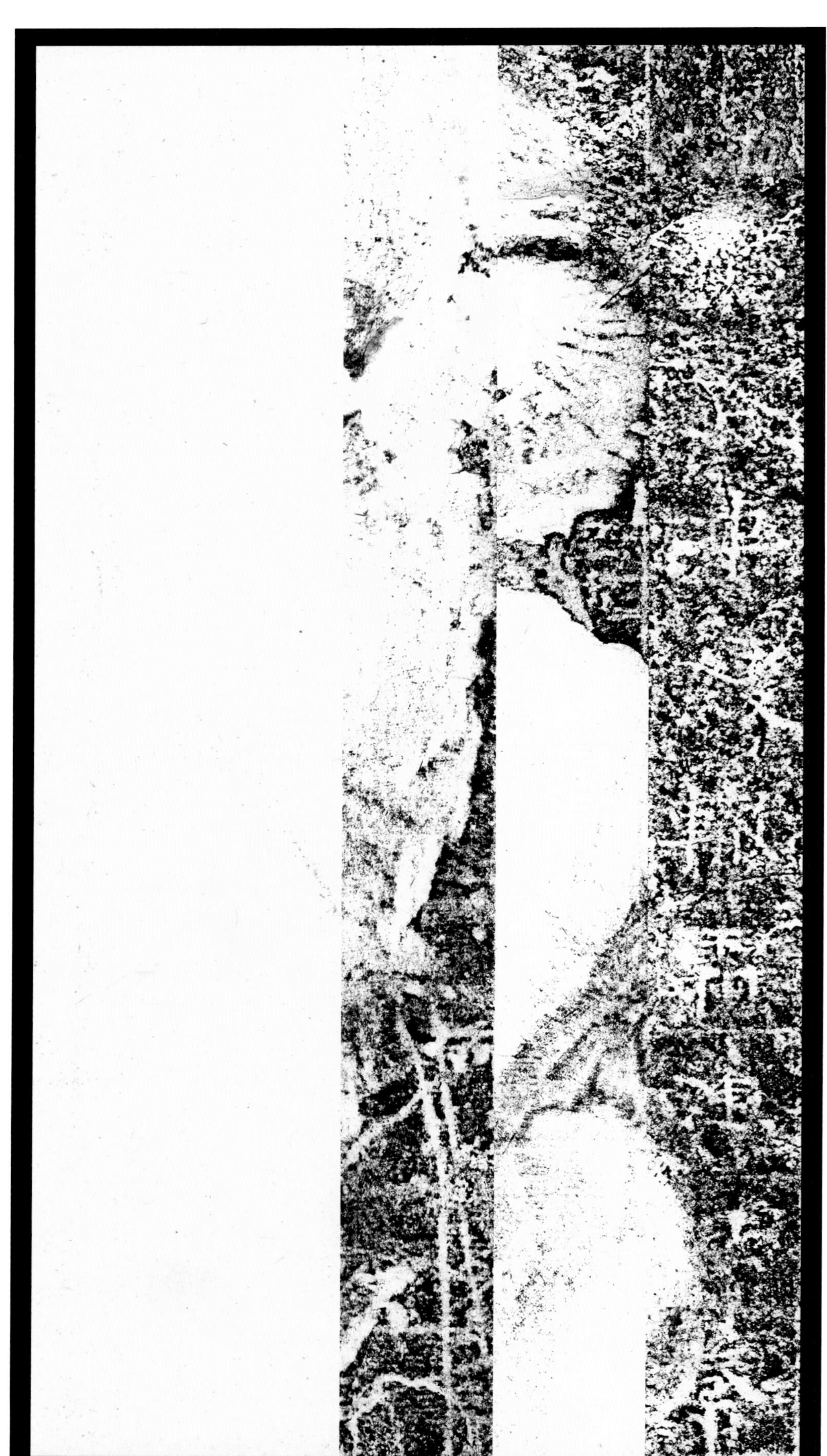

志□，□車緩轍。霜逢□卷，／……

歷代集評

此石未經前人著録，同治時出咸甯南鄉，然不能實指其處。志於周隋時以軍功顯，《周》《隋書》及《北史》均未立傳，賴此碑以傳，金石刻之功豈淺鮮哉！

——清·毛鳳枝《關中石刻文字新編》

隋《商州刺史扈志碑》，道光初年出關中，未幾即佚，傳拓甚少，故除吳、繆二家外，均無著録者。額題『大隋上開府城皋公扈使君碑』，篆書，三行。碑字極婉秀，殘泐亦不多，隋碑中上駟也。

——近代·羅振玉《石交録》

碑上半兩邊損，餘皆完好，書法秀麗。

——現代·馬子雲《石刻見聞録》

圖書在版編目（CIP）數據

扈志碑/上海書畫出版社編. --上海：上海書畫出版社，2023.5

（中國碑帖名品二編）

ISBN 978-7-5479-3083-0

Ⅰ. ①扈… Ⅱ. ①上… Ⅲ. ①漢字－碑帖－中國－隋代 Ⅳ. ①J292.24

中國國家版本館CIP數據核字（2023）第076775號

中國碑帖名品二編［二十八］

扈志碑

本社 編

責任編輯 馮 磊
審　　讀 陳家紅
圖文審定 田松青
責任校對 朱 慧
封面設計 王 峥
整體設計 馮 磊
技術編輯 包賽明

出版發行 上海世紀出版集團
上海書畫出版社
地址 上海市閔行區號景路159弄A座4樓
郵政編碼 201101
網址 www.shshuhua.com
E-mail shcpph@163.com
印刷 上海雅昌藝術印刷有限公司
經銷 各地新華書店
開本 710×889 mm 1/8
印張 5
版次 2023年6月第1版
2023年6月第1次印刷

書號 ISBN 978-7-5479-3083-0
定價 48.00元